VENTE

Du Jeudi 3 Mars 1892

A DEUX HEURES ET DEMIE

HOTEL DROUOT, SALLE N° 1

TABLEAUX

Anciens et Modernes

AQUARELLES, PASTELS ET DESSINS

EXPOSITION PUBLIQUE

Le Mercredi 2 Mars 1892

DE 1 HEURE A 5 HEURES 1/2

COMMISSAIRE-PRISEUR	EXPERT
Mᵉ Maurice DELESTRE	**M. Eug. FÉRAL**, Peintre
Rue Drouot, 27	*Faubourg Montmartre, 54*

PARIS — 1892

IMPRIMERIE MAULDE et RENOU

A. MAULDE & Cie

IMPRIMEURS DE LA COMPAGNIE DES COMMISSAIRES-PRISEURS

Rue de Rivoli, 144. — Paris

CATALOGUE

DE

TABLEAUX

ANCIENS ET MODERNES

PAR

Boichard, Chaigneau, Charlet, David, De Troy

Deshays, Jeaurat, Jadin, Kuijtenbrouwer, Lenoir

Rouget, Raffet, etc.

AQUARELLES ET DESSINS

DONT LA VENTE AURA LIEU

HOTEL DROUOT — SALLE N° 1

Le Jeudi 3 Mars 1892

A DEUX HEURES ET DEMIE

COMMISSAIRE-PRISEUR	EXPERT
Mᵉ Maurice DELESTRE	**M. Eug. FÉRAL,** Peintre
Rue Drouot, 27	*Faubourg Montmartre, 54*

CHEZ LESQUELS SE TROUVE LE PRÉSENT CATALOGUE

EXPOSITION PUBLIQUE

Le Mercredi 2 Mars 1892, de 1 heure à 5 heures 1/2

PARIS — 1892

CONDITIONS DE LA VENTE

—

Elle sera faite expressément au comptant.

Les Acquéreurs paieront, en sus des adjudications, CINQ POUR CENT applicables aux frais.

A MAULDE et Cie, imprimeurs de la Compagnie des Commissaires-Priseurs, rue de Rivoli, 144.   400—21859

DÉSIGNATION

TABLEAUX ANCIENS & MODERNES

BOICHARD

1 — La Baigneuse.

Signé et daté 83.

BONHEUR (Frédéric)

2 — Vue d'Orient.

CHAIGNEAU (F.)

3 — Le Retour du Troupeau au soleil couchant.

CHAMPMARTIN

4 — Vue de l'Entrée du Saint-Sépulcre.

Fait à Jérusalem, en 1827.

CHARDIN (Attribué à S.)

5 — Portrait de l'Artiste.

CHARLET

6 — Écoliers allant à la Messe.

Esquisse signée.

CHARLET (Attribué à)

7 — Napoléon Ier.

Effet de lumière.

CLERMONT (A. DE)

8 — La Partie de Chasse.

DAVID (Attribué à L.)

9 — Portrait présumé du Baron Denon.

Il est assis sur des rochers tenant un portefeuille
et dessinant.

DAVID (Genre de L.)

10 — Portrait d'un Conventionnel.

Toile ovale.

DE DREUX (D'après ALFRED)

11 — Une Amazone.

DE TROY (J.-F.)

12 — Portrait d'un Seigneur, sous Louis XIV.

DE TROY (J.-F.)

13 — L'Enlèvement d'Europe.

Esquisse.

DESHAYS

14 — Portrait d'un Gentilhomme.

> Signé Deshays de Colleville, 1777.
> Toile ovale.

GÉRICAULT (Genre de)

15 — Portrait d'un Officier des guides.

GIRODET (Genre de)

16 — Jeune Femme à sa toilette.

GOYA

16 *bis* — Danseuse espagnole.

> Portrait d'une Carmen, en pied, de grandeur natu-
> relle.

HUET (Attribué à Paul)

17 — Paysage des Environs de Grenoble.

JEAURAT

18 — Jeune Femme faisant de la couture auprès de son
Enfant.

KUIJTENBROUWER (Martinus)

19 — Cerfs au bord d'une Mare.

> Signé et daté 1870.

LEDIEU (Ph.)

20 — Chevaux de trait près d'un Four à plâtre.

LEDIEU (Ph.)

21 — Chevaux à l'écurie.

LEGENDRE

21 *bis* — La Baigneuse.

LENOIR

22 — Portrait du comédien Lekain dans le rôle de
Gengis-Khan.

Signé et daté 1777.

LERICHE

23 — Les Insignes royaux.

Toile ovale.

LOTTIER (L.)

24 — Ville au bord de la mer.

Panneau décoratif.

MAUZAISSE

25 — Portrait de Femme âgée.

Esquisse.

MEULEN (D'après Vander)

25 *bis* — Louis XIV dans un carrosse attelé de six chevaux et en compagnie de Dames et de Seigneurs
se rendant à Versailles.

MIEREVELT (Attribué à M.)

26 — Portrait d'Enfant richement vêtu et tenant à la
main un chardonneret.

Bon portrait sur bois.

NETSCHER (Attribué à C.)

27 — Enfant jouant avec un chien.

OUDRY (Attribué à J.-B.)

28 — Tigre attaqué par des chiens.

PETIT (Eug.)

29 — Pêches et Raisins.

> Esquisse.

RIBÉRA (D'après)

30 — Le Bon Samaritain.

> Esquisse.

ROUGET

31 — Portrait de L. David,

> Assis, vu jusqu'aux genoux et tenant un crayon.
> Belle peinture.

ROUSSEAU (Attribué à Th.)

32 — Paysage accidenté.

> Etude.

SAINT-JEAN (Attribué à)

32 *bis* — Fleurs, Fruits et Gibier.

> Très bon tableau signé, qui paraît être de la première
> manière de l'artiste.

SAUVAGE

33 — Portrait de Bonaparte, premier Consul.

> Grisaille.

SERRES (Antony)

33 *bis* — Libations au dieu Pan.

> Œuvre importante de l'artiste, qui a figuré au Salon
> et a été gravée par la *Maison Goupil*.

SWEBACH

34 — La Halte chez le maréchal-ferrant.

WATTEAU (Louis)

DIT WATTEAU DE LILLE

35 — Le petit Musicien.

ÉCOLE ESPAGNOLE

36 — La Vierge richement vêtue et entourée de chéru-
bins.

Peinture sur cuivre.

ÉCOLE FRANÇAISE

37 — Portrait de Louis XIV.

Portrait de Ph. d'Orléans.

Deux pendants.
Toiles ovales.

ÉCOLE FRANÇAISE

37 *bis* — La Conversion de saint Paul.

Grànd tableau cintré du haut.

ÉCOLE FRANÇAISE

38 — Portrait de jeune Homme en berger Pompadour.

ÉCOLE FRANÇAISE

39 — Portrait d'un Chasseur avec ses chiens.

ÉCOLE FRANÇAISE

40 — Une Famille sous Louis XV.

Pastel.

ECOLE FRANÇAISE

41 — Portrait d'Homme et Portrait de Femme.

> Pastel.

ÉCOLE FRANÇAISE

42 — Le Palais du Roi, à Madrid.

ÉCOLE ITALIENNE

43 — Vases dans des niches.

> Trois toiles faisant pendants.
> Grisailles.

ÉCOLE MODERNE

44 — Combat de Cavaliers arabes.

ÉCOLE MODERNE

45 — Plage à marée basse.

ÉCOLE MODERNE

46 — Bohémiens en voyage.

> Esquisse.

ÉCOLE HOLLANDAISE

46 *bis* — Portrait allégorique : Jeune Femme en Diane
chasseresse poursuivant un cerf.

---

47 — Tissu en soie de Lyon, représentant le Portrait
de Napoléon Ier.

> Signé C. E. G.

AQUARELLES ET DESSINS

BEAUMONT (Ed. de)

48 — Une Fille d'un premier lit en acajou.

Aquarelle.

BOSIO (Attribué à)

49 — Un Bal sous le premier Empire.

Plume et encre de Chine.

BOUCHER (D'après F.)

5o — Les Laveuses.

Deux pendants.
A la sépia.

CONSTANTIN (Aug.)

5 1 — Portrait de Femme en robe rose.

Aquarelle.

CONSTANTIN

5 2 — Portrait de Femme en robe noire et manteau
grenat.

Aquarelle.

FRAGONARD

53 — La Baigneuse.

Estompe et crayon noir.

GIRAUD (Eug.)

54 — Bonaparte passant les Alpes.

Crayon noir.

GREUZE (Attribué à)

55 — Tête de jeune Fille.

Sanguine.

JADIN

56 — Gibier posé au pied d'un arbre.

Belle aquarelle signée.

LAMI (Eug.)

57 — Costumes militaires.

Trois aquarelles.

LAURENS (J.-P.)

57 *bis* — La Guerre.

Composition allégorique.
Importante aquarelle, d'une grande allure et d'une belle coloration.
Signée et datée 1871.

MILLET (Attribué à F.)

58 — Vaches au pâturage.

Crayon noir.

MONNOYER (Baptiste)

59 — Vase et Guirlandes de fleurs.

Gouache.

PUJOS

60 — Portrait d'Homme.

Pierre d'Italie.

RAFFET

61 — Garde de l'Empereur du Maroc, à cheval.

Aquarelle.

REDOUTÉ (Genre de)

62 — Bouquet de Roses.

Aquarelle.

SAINT-AUBIN (Genre de)

63 — L'Artiste dans son Atelier.

Sépia et rehauts de blanc.

VILLIERS (Baron de)

64 — Tête de Chien.

Crayon noir.

VOLLON

65 — Vue prise dans le jardin du Luxembourg.

Mine de plomb.

ÉCOLE FRANÇAISE

66 — Lions.

Deux pendants.
Etudes au pastel.

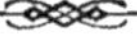

67 — Sous ce numéro qui sera divisé, environ trente
Dessins ou Aquarelles.

SUPPLÉMENT

TABLEAUX

COULON (L.)

70 — Boiseries et Cheminée Louis XV.

Etude.

DESCHAMPS (L.)

71 — Tête de Vieillard.

Etude.

FANTIN

72 — L'Entrée des Croisés à Constantinople.

D'après Eugène DELACROIX.
Etude.

FANTIN

73 — Vierge.

D'après LE TITIEN.
Esquisse.

FEYEN-PERRIN

74 — Étude pour son Tableau de Charles-le-Témé-
raire.

FEYEN-PERRIN

75 — Tête de Paysanne.

FEYEN-PERRIN

76 — Chien au repos.

FRÈRE (Édouard)

77 — Chemin du Fort de la Briche.

FRÈRE (Éd.)

78 — Des Falaises.

FRÈRE (Éd.)

79 — Vue de Louèche-les-Bains.

FRÈRE (Éd.)

80 — Vache à l'étable.

FRÈRE (Éd.)

81 — Un Cellier.

GONTIER (A.)

82 — Soleil couchant.

Esquisse.

LAURENS (Jean-Paul)

83 — Religieux en méditation.

Etude.

LEGROS

84 — L'Ouvrier blessé.

Esquisse.

LEGROS

85 — Sous Bois.

Esquisse.

MURATON (Mme Euph.)

86 — La Théière en argent.

MONOGRAMME (H. M.)

87 — Sous Bois.

VALDÈS (G.)

88 — Bouquet de Fleurs.

ÉCOLE MODERNE

89 — Marine au soleil couchant.

ÉCOLE MODERNE

90 — Maisons au bord d'une mare.

ÉCOLE MODERNE

91 — Paysage.

Effet de soleil couchant.
Genre de Daubigny.

ÉCOLE MODERNE

92 — Terrains marécageux, près d'un village.

ÉCOLE MODERNE

93 — Orfèvrerie et Étoffes brodées.

Esquisse.

AQUARELLES ET DESSINS

LALANNE (M.)

94 — Cours d'eau sous Bois.

> Fusain.

MARQUETTE

95 — Une Rue de Constantine.

> Aquarelle.

PIETTE

96 — Pàturages coupés par un cours d'eau.

> Aquarelle.

ROBERT (Karle)

97 — La Moissonneuse.

> Crayon noir.

WYLD (W.)

98 — Vues de Bagnères-de-Luchon.

> Quatre aquarelles.

---

99 — Sous ce numéro, qui sera divisé, des Dessins en feuilles et encadrés.

100 — Sous ce numéro, un certain nombre de Cadres.

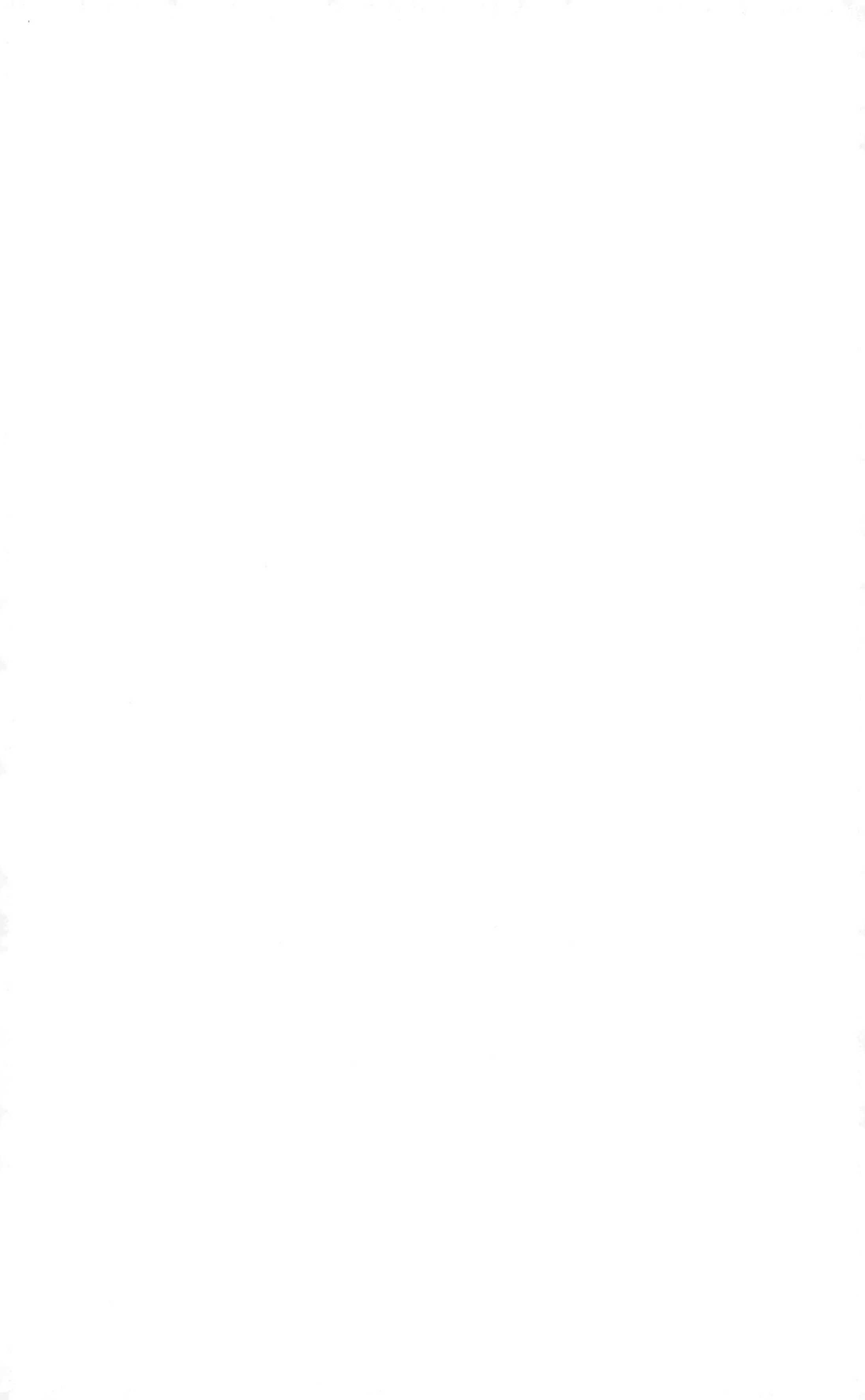

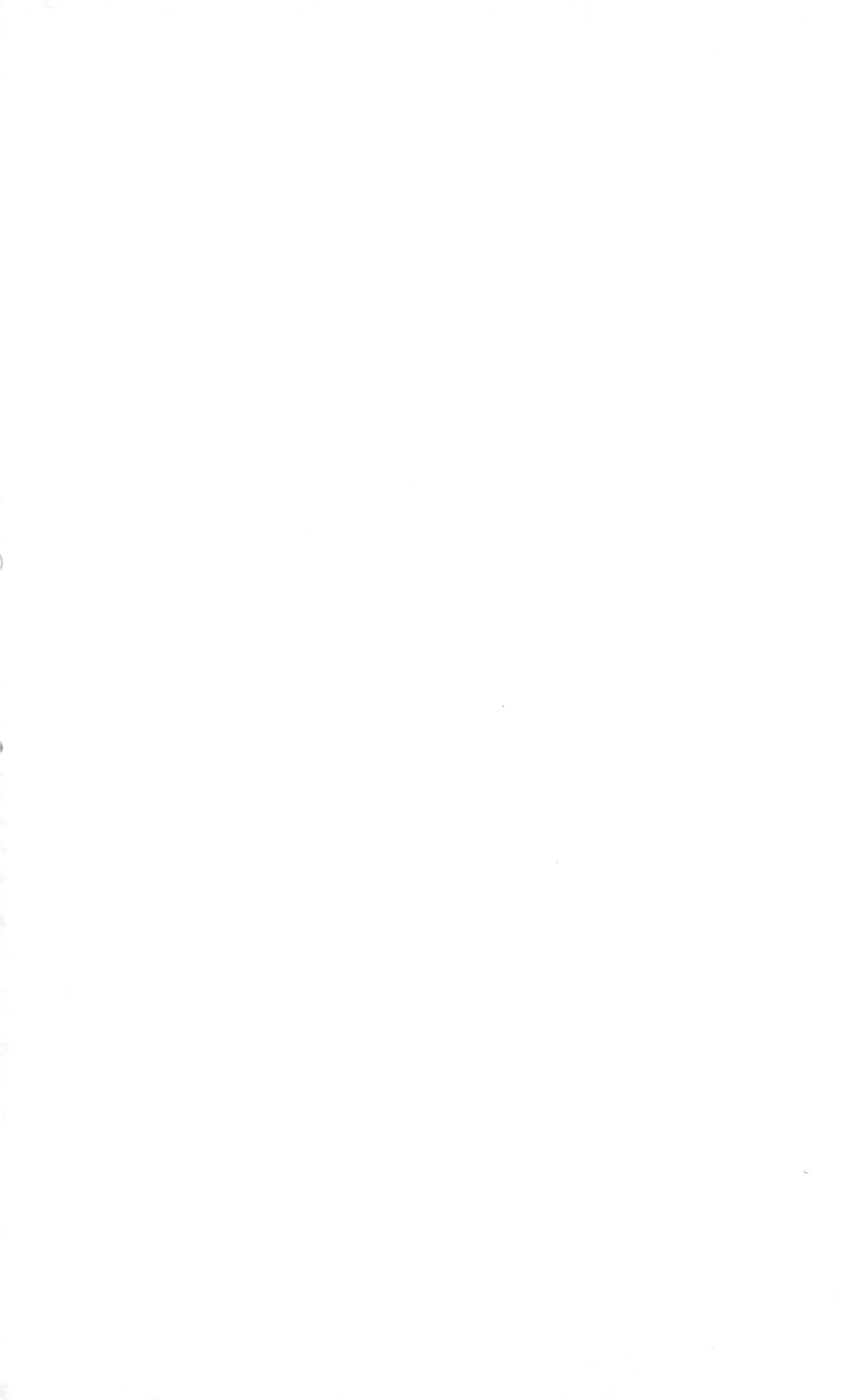

www.ingramcontent.com/pod-product-compliance
Lightning Source LLC
LaVergne TN
LVHW021925180726
843502LV00008B/3267